Oh Tannengrauen

hristmas

HINNERK THEISEN / ALEX ZIEGLER

Oh Tannengrauen

DEKOHÖLLE WEIHNACHTEN

DUMONT

KEIN
RASSISMUS

Ho-Ho-Horrorshow

Wenn im Supermarkt Lebkuchen und Spekulatius auftauchen, geht es auf Weihnachten zu. Schon bald macht sich auch an Türen und Fenstern, in Einfahrten und Gärten der ganz spezielle Zauber dieser besonderen Zeit bemerkbar. Wo man sonst alles für die perfekte Heckenform gibt, hält nun Einzug, was das bisherige Jahr in Kellern und chinesischen Onlineshops auf seinen Einsatz gewartet hat.

Der Vorgarten leuchtet wie die Tanzfläche im Oberbayern, Sterne und Rentiere erstrahlen in kaltweißem Glanz, blinkende Lichterketten unterhalten vorbeikommendes Publikum und das Gebläse für den überlebensgroßen Weihnachtsmann, der sich sanft hin- und herwiegt, irritiert die Nachbarn.

Wenn erst einmal der Countdown zum Fest der Liebe läuft, läuft mit jedem geöffneten Türchen ebenso die Dekofreude der Hausbewohner heiß. Sich strangulierende Nikoläuse, gefallene Engel und Weihnachtsmänner, aus denen schon vor dem Fest die Luft raus ist. Was in der Dunkelheit bei schummriger Beleuchtung vielleicht noch als heimelig durchgehen mag, ist bei Tageslicht eher wenig charmant. Vielmehr heben die gut gemeinten Dekoobjekte viel zu oft lieber (und besser) im Verborgenen Gebliebenes auf den Präsentierteller.

Kommen Sie mit auf eine Reise entlang des vorweihnachtlichen Stadtrands. Lassen Sie sich inspirieren, kommen Sie ins Staunen – und machen Sie es erst mal besser!

Sleighport

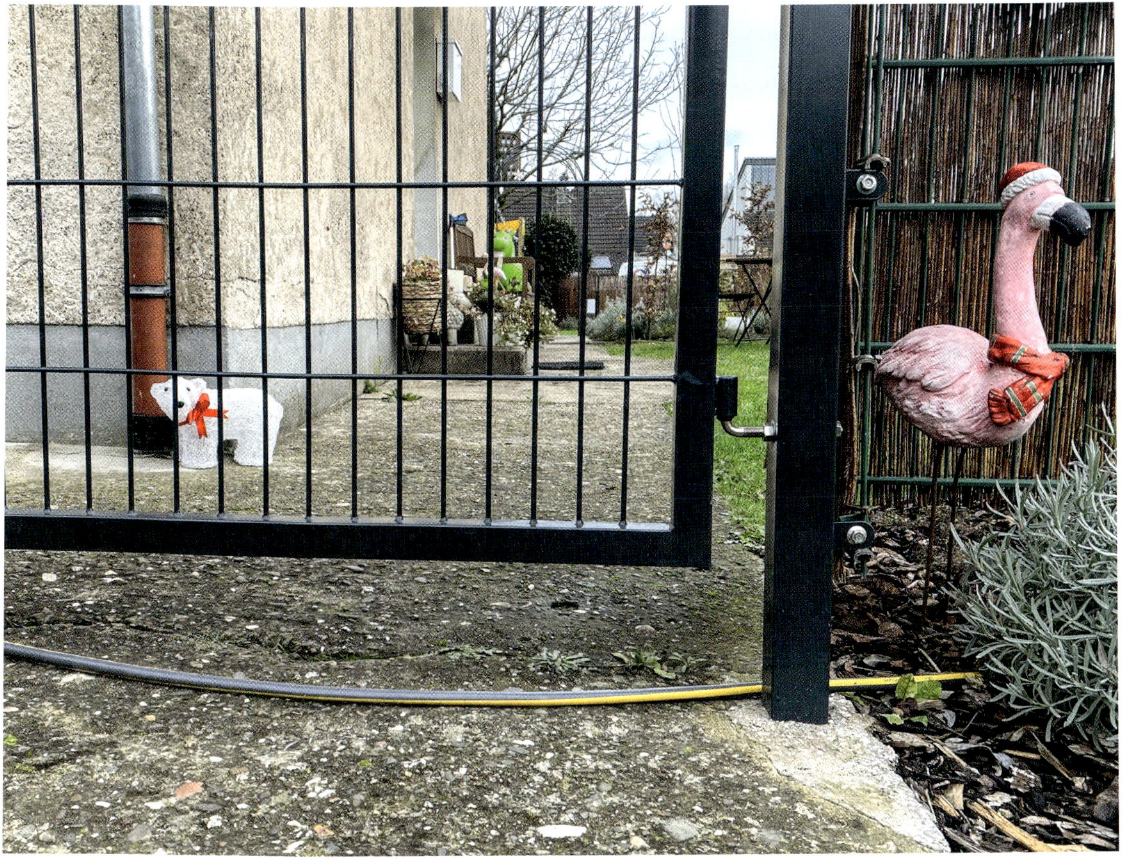

Trendsetter setzen auf Exotik.

Bitte
nicht
zuparken!

Alles Verstehen heißt alles verzeihen. - *Buddha*

Nur allzu gerne wäre der Weihnachtsmann diesem tristen Ort entflohen, doch waren ihm unerklärlicherweise die Zügel abhandengekommen und auch der fliegende Teppich wollte einfach nicht anspringen.

Holz oder Stein? Hochkant oder quer? Egal, Tanne drum.

Gut gemeint ist selten gut gemacht.

Immer öfter in seinem natürlichen Habitat zu beobachten:
das possierliche Leuchthörnchen.

20*C+M+B+19

Auch die, die eigentlich nicht wollen, lassen sich früher oder später von der Dekorationsfreude der Nachbarn anstecken.

Profis wissen: Die Weihnachtszeit bietet verstärkt Ausstellungsflächen für die eigene Kreativität und Produktivität.

MERRY
CHRISTMAS

ab 29,-€
ADVENT EVENT
LEUCHTERSTR. 36

»Wartet es nur ab«, dachte sich das Bäumchen, »wenn ich groß bin, werde ICH euch in den Schatten stellen«.

Nikolaus kommt in jedes Haus.

Schlitten 2.0

Was man bei Geschenkaufträgen an Kinder und Enkelkinder gerne vergisst:
Laubsägearbeiten werden für die Ewigkeit gemacht.

Ein Fest für alle Freunde der Symmetrie.

Wenn sich der Weihnachtsmann nach einem harten Arbeitstag mal wieder die Kante gegeben hat, wird er von der Weihnachtsfrau zum Ausnüchtern rigoros vor die Tür gesetzt.

Konsequent jahreszeitgemäße Gartendekoration.

Wird erst am 24.12. enttarnt

Christmas

Rot, rot, rot ist alles was ich habe ...

azon prime
amazon prim

HO

XMAS

Der Vorgarten war Frosty dem Schneemann als Standort mittlerweile eindeutig zu gefährlich geworden.

Hallo und Willkommen an Groß und Klein,

… wir laden Euch zum Picknick auf der Wiese ein.

Austausch-Weihnachtsmänner müssen stets daran denken,
ihre eigenen Briefkästen mitzubringen!

WELCOME

Hier zwei Beispiele dafür, dass Shabby Chic

… auch vor der Tür angekommen ist.

AWB

Merry
Christmas
Welcome
Newyear

Multireligiöser Tempelbezirk

FROHES
FEST

Es gibt nur wenig, was einen Schotterplatz mit Doppelstabmattenzaun so sehr aufwerten kann wie eine jahreszeitgemäße Dekorationsfolie.

5 Tipps für angehende Dekorationsprofis:
1. Zuckerstangen gehen immer.

2. Eine gewisse Ordnung bringt Ruhe in den Gesamteindruck.

3. Dekorationsobjekte kommen bei möglichst wenig natürlicher Vegetation besonders gut zur Geltung.

fahrt mit druckgasbetriebenen
Fahrzeugen verboten

4. Thematisch zusammengestellte Szenerien können Geschichten erzählen.

5. Geschickt positionierte Dekoration lenkt die Aufmerksamkeit ganz auf sich,
alles andere wird ausgeblendet.

B-R-R-R

Glücklich die, die Bäume vorm Haus haben, die geschmückt werden können.

4
HO
HO
HO

Ausfahrt
freihalten

Schon lange hatte die Kiste davon geträumt, in ihrem Wesen erkannt zu werden.
Endlich, endlich war auch sie zur Dekopreziose auserwählt worden.

we wish you a
MERRY
CHRISTMAS
and a
HAPPY
NEW YEAR
FROHES
FEST

Ziemlich unfair fand Santa, dass er für eine einfache, zugegebenermaßen fälschliche, Kaminbesteigung ohne ordentliche Verhandlung direkt an den Marterpfahl gebunden wurde.

Lichtinstallation 2022: »Warten auf die Dunkelheit«.

Stammkunden dürfen sogar entspannt abhängen, wenn sie nicht mehr fahrtüchtig sind.

20*C+M+B+19
20*C+M+B+15
20*C+M+B+16
20*C+M+B+20
20*C+M+B+14
20*C+M+B+17
Merry Christmas

Still standing.

Merry
Christmas

Dieses Buch wurde klimaneutral produziert.

Klimaneutral
Druckprodukt
ClimatePartner.com/17531-2110-1001

Fotografie: Hinnerk Theisen
Text Seite 5: Larissa Pauw
Layout: buero-ziegler.de
Umschlag: Birgit Haermeyer

Druck und Verarbeitung: Print Consult GmbH, München
Gedruckt auf säurefreiem und chlorfrei gebleichtem Papier

FSC
www.fsc.org
MIX
Papier | Fördert gute Waldnutzung
FSC® C084279

Printed in Slovakia

ISBN 978-3-8321-6921-3
www.dumont-buchverlag.de